运动健康100分
YunDongJianKang100Fen

陈式五十六式太极拳

张振兴 编著

人民体育出版社

图书在版编目（CIP）数据

陈式五十六式太极拳 / 张振兴编著. –北京：人民体育出版社，2021

（运动健康 100 分）

ISBN 978-7-5009-5786-7

Ⅰ. ①陈… Ⅱ. ①张… Ⅲ. ①陈式太极拳—基本知识 Ⅳ. ①G852.11

中国版本图书馆 CIP 数据核字（2020）第067468号

参编人员：高　翔　丁亚丽　高　飞
郭成敏　高　绅　李梦瑶

*

人民体育出版社出版发行
北京新华印刷有限公司印刷
新　华　书　店　经　销

*

880×1230　32开本　5印张　126千字
2021年 6 月第 1 版　　2021年 6 月第 1 次印刷
印数：1—3,000册

*

ISBN 978-7-5009-5786-7
定价：34.00元

社址：北京市东城区体育馆路 8 号（天坛公园东门）
电话：67151482（发行部）　　邮编：100061
传真：67151483　　邮购：67118491
网址：www.sportspublish.cn
（购买本社图书，如遇有缺损页可与邮购部联系）

参加2018年中央电视台春节联欢晚会合影

获第三届世界太极拳锦标赛新编陈式太极拳金牌

参加2017年全国武术套路锦标赛获集体项目冠军

第三届世界太极拳锦标赛夺冠升旗留影

获2018年全国武术套路冠军赛太极拳金牌

获中华人民共和国第十一届少数民族
传统体育运动会首金

2019年执教全国太极拳辅导员培训班

全国武术套路冠军赛现场留影

陈式五十六式太极拳简介

陈式太极拳，发源于河南温县陈家沟，是非常古老、久负盛名的太极拳派。当今流传的杨式、吴式、武式、孙式等传统太极诸拳，多由其演变而来。陈式太极拳风格独特：缠绕折叠，穿蹦跳跃，松活弹抖；快慢相间，虚实结合，节奏鲜明；连绵不断，气势恢弘，独树一帜。

此拳属国家标准竞赛套路。其以传统陈式一路与二路为编创基础，既具有多缠绕、以柔为主的一路拳风格，又有多发劲、以刚为主的二路拳的特点；在很好地保留陈式传统精华的同时，又很好地满足了现代人比赛竞技与健身锻炼之需。整套拳法，动作优美，功架舒展；螺旋缠丝，劲道明显；虚实分明，刚柔相济；

转换灵活，连贯流畅。

此拳算上起势与收势共56式，根据其结构特点可分4段。第1段，21式，动作柔缓多缠绕，步法稳实；第2段，6式，步法虚实、变换灵活，上肢伸展卷放，多连续发劲，力度、节奏明显，动作方向、路线多变，体现套路的第一次高潮；第3段，10式，以上肢缠绕为主，以“摆莲跌叉”突出下肢的动作难度；第4段，19式，动作转折、展放，幅度较大，多蹿跳，突出了腿法，加之“顺鸾肘”“裹鞭炮”等，体现了先开展、后紧凑、周身发劲的功夫，大小、收放、刚柔、快慢相间，节奏感较强，达到套路的最后高潮。

目　录

一、起势

【练法】

1. 两脚并拢，身体直立；肩臂松垂，两手轻贴两腿外侧；头颈正直，下颌内收，胸腹放松；精神集中，呼吸自然。目平视前方。（图1–1）

2. 左脚跟、脚尖依次缓缓提起向左开步，两脚距离与肩同宽，脚尖向前，重心落于两腿之间，上体自然直立。（图1–2）

图1–1

图1–2

【要点】

1. 精神集中，身体放松，头顶虚领，含胸拔背。

2. 呼吸自然，意存丹田。

二、右金刚捣碓

图2-1

【练法】

1. 体微左转；同时，两臂微屈，向左微掤，左手稍外旋，右手内旋，手指均向下，重心偏左。（图2-1）

2. 接着，两手从腰前经胸前向右捋，手心均向右；两腿屈蹲，重心偏右。（图2-2）

图2-2

3. 两手下沉到右腰间。身体微左转，两手向左上方掤起，两臂撑圆，左手与左肩平，右手至胸前，重心位于两腿之间。（图2–3）

图2–3

4. 重心移至左腿，上体右转；同时，右脚以脚跟为轴，脚尖抬起外摆约90°；随转体两臂微屈，立腕旋掌，两手向右平捋，右手与肩平，左手与胸平，指尖向左。目视前方。（图2–4）

图2–4

5. 身体重心移至右腿；左脚提起，脚尖自然放松，后脚跟内侧贴地面向左前方铲出。目视前方。（图2–5、图2–6）

图2–5

图2–6

6. 左脚踏实后， 两手向右后方划弧，手心向外。目视右手。随身体重心左移，身体左转；随之左臂内旋，屈肘搂于左胸前，手心向下挤出；右手外旋，手心斜向上。（图2-7）

图2-7

7. 接着，重心移至左腿，随转体右脚向前上步，脚尖点地，成右虚步；同时，右手前撩至右腹前，掌心向上，指尖斜向下；左手划弧，外旋回收，掌心向下合于右前臂上。（图2-8）

图2-8

8. 右掌变拳，屈臂上举至与下颌同高，拳心向内；左掌外旋落于腹前，掌心向上；同时，右腿屈膝提起，脚尖下垂。（图2-9）

9. 接上动，右拳下落，砸击左掌心；同时，右脚向左脚内侧踏地震脚（两脚相距约20厘米）。目视前方。（图2-10）

图2-9

图2-10

【要点】

1. 左脚擦地铲出与两手向右前划弧平推、右脚向前上成虚步与两手臂相合、右拳砸击与右脚踏震动作，均要协调一致。

2. 两手的内旋、外旋要有内含的缠丝劲。

3. 右脚踏震时，劲力向下，屈膝沉胯，全脚着地，呼气下沉。

三、懒扎衣

【练法】

1. 身体微左转，重心偏左腿；随之左手托右拳，向左、向上划弧至左肩前。目视左方。（图3–1）

2. 随身体右转，右拳变掌上穿；同时，左手内旋。两手划弧后交叉于胸前，右手在内，左手在外。（图3–2）

图3–1

图3–2

3．身体继续微右转，重心偏向右腿；右手向右、向上划弧至右肩前上方；左手向下、向左划弧至左胯旁。目视右手。（图3-3）

图3-3

4．接着，重心全部移至左腿并使左腿微屈，继而右腿屈膝提起；同时，右手下落至右胯侧；左手向上举至左前方，腕高于肩。动作不停，左腿屈蹲，右脚以脚跟内侧贴地向右铲出；同时，左手向右、向下划弧，右手向左、向上划弧，使两臂在胸前交叉，左手落于右臂内侧，左手心斜向下，右手心斜向上。目视右前方。（图3-4）

图3-4

5. 身体微左转，右臂内旋外翻，手心向外；左手外旋，手心斜向上。重心继续右移，成右偏马步，上体再随之微右转；随转体右手向上、向右平着经眼前划弧至右膝上方，左手屈肘下落至腹前，手心向上。接着，右臂下沉，身体转正；目视右手。（图3–5）

图3–5

【要点】

1. 右脚铲出与两手胸前相合要协同一致。

2. 两手是合劲，铲脚是开劲，可谓合中有开、开中有合。

3. 定势时，要沉肩垂肘、旋臂塌腕、敛臀圆裆、松腰沉胯、气沉丹田。

4. 要求上下肢协调运动，一动无不动。

5. 右手横拉掌与下肢移动重心要协调一致。

6. 定势为右偏马步。

四、右六封四闭

【练法】

1. 上体微左转，重心微左移，随即上体右转，重心随之右移；同时，右手以腕为轴，向内、向外旋转绕一圈；左手轻贴左腹，向左、向上内旋后屈腕上提，再外旋向右、向下、向左绕一小圈。（图4-1）

图4-1

2. 身体微左转，重心左移；同时，右手外旋，左手小指侧轻贴左腹，外旋向下。接着，右手外旋收于腹前，与左手交叉相合（左手在上），手心均斜向上；重心随右手外旋回收时移至左腿，身体微左转。（图4–2）

图4–2

3. 接上，上体右转，重心右移；随转体合劲向右、向上方掤挤，右手内旋，掌心向外；左手置于右腕内侧，掌心斜向内。（图4–3）

图4–3

4. 两腿同时屈膝半蹲，两手继续走下弧下沉。随即，上体微左转，重心左移；同时，左手经下向左划弧，经胸前时内旋转腕、屈肘屈腕，以手背一侧腕关节弧形向左上方掤至左耳侧，劲贯手背，五指斜向下，小指、无名指、中指依次内收；右手外旋，经下向左、向上划弧托于右肩右前方，右掌稍低于肩，指尖向右，掌心向上。目视右前方。（图4-4）

图4-4

5. 上体左转；同时，两臂向外展开，掌心向上，掌指向外、向后分摆至肩上。接着，重心移至右腿，左脚尖点地收至右脚内侧，成左虚步；随转体两手向右、向下按至右腹前，虎口斜相对，掌心斜向下。目视右下方。（图4-5~图4-7）

图4-5

图4-6

图4-7

【要点】

1. 动作的开合、转变都要以腰脊为轴来带动。

2. 身体左、右转动时，上体须保持端正，不要前俯、后仰。

五、左单鞭

【练法】

1. 身体微右转；左手向右前方微推后外旋；右手外旋，经左掌下屈肘收于左前臂内侧。（图5–1）

2. 上体左转；右手内旋成勾，经左掌心向右前方出勾上提，勾尖向下，右臂微屈；左手屈肘收至腹前。目视左前方。（图5–2）

图5–1

图5–2

3. 身体重心全部移至右腿，屈膝下蹲；左脚提起，脚尖自然下垂，以脚跟内侧贴地向左铲出。目视左前方。（图5–3、图5–4）

图5–3

图5–4

4. 落地踏实，左腿屈膝，重心左移。接着，右腿屈膝，重心右移；左掌由腹前稍向右上托，至右肩前时内旋，掌心转向外。随即，重心再左移，成左偏马步；左掌向左经胸前划弧掤开至左膝上方。接着，两臂同时下沉，收右胯，身体转正。（图5–5）

图5–5

【要点】

1. 身体左、右转动，带动两手上、下翻转缠一小圈，与右勾弧形上提，要分别体现出缠丝、抽丝的内劲。

2. 左脚提起距地面10厘米左右，迅速向左铲出。

3. 定势时要松肩、坠肘、沉腕，松腰、沉胯、敛臀，沉气。

六、搬拦捶

【练法】

1. 上体微左转；右勾变掌，外旋转腕；左手内旋，随转体向左微摆。接着，重心右移，上体右转；随转体两掌变拳，向右划弧摆至右胯侧，拳心斜相对，拳眼斜向后。（图6–1、图6–2）

图6–1

图6–2

2. 重心微左移，上体急促左转；随之两拳由右下向左上，以拳眼为力点横击抖发，左拳心向上，右拳心向下。（图6–3）

图6–3

3. 身体重心微左移，上体左转；同时，两拳向前、向左划弧，旋至左拳心向下、右拳心向上，置于左胯侧，两拳拳眼皆向右。（图6–4）

图6–4

4. 身体重心右移，成右偏马步；同时，上体急促右转，带动两拳屈臂由左下至右上经胸前向右，以拳眼横击抖发，左拳心向下，右拳心向上。目视右前方。（图6–5）

图6–5

【要点】

1. 左、右横击抖发要连贯、紧凑。

2. 重心移动与转腰、两拳的发劲要协调一致。

七、护心捶

【练法】

1. 两拳内旋，向右下方划弧至右膝外侧；同时，身体重心右移，上体右转。目视右下方。（图7-1）

图7-1

2. 重心全部移至右腿，左腿屈膝提起，脚尖下垂；同时，右臂内旋提肘。接着，身体左转，左腿落地后右脚与右拳依次提起，右脚微向左前方落步，重心偏于左腿；随转体左拳向上经额前外旋，向左后下方弧形抡臂至左腰侧，拳心斜向里；右拳外旋，向上、向右前方划弧抡臂下压至身体右前方，拳同肩高，拳心向上。目视右前方。（图7-2、图7-3）

图7-2

图7-3

图7-3附图

3. 重心右移，上体右转，右臂屈肘内旋，右拳向下、向左划弧至腹前，拳眼向里；左拳向左、向上、向右屈臂划弧至额前。接着，左拳向下、向右经胸前屈肘落于右肋前，拳心向上；右拳外旋向上经胸前，从左前臂内侧向左前方伸腕掤出，拳同胸高。随即上体微左转，两腿屈膝半蹲，成右偏马步；同时，两拳两臂合劲。目视右前方。（图7-4、图7-5）

图7–4

图7–5

图7–5附图

【要点】

1. 转体以带动两臂在胸前缠绕，并使其协调一致。

2. 两拳、两臂相合前发时，背部要有后撑之意。

八、白鹤亮翅

【练法】

1. 身体左转；两拳变掌，右掌微内旋，向上置于左肩前，掌心斜向下；左掌微外旋，向下插掌置于右胯旁，掌心斜向上；同时，右脚以脚跟为轴微向外碾转，继而，重心全部移至右腿，左脚提起，以脚跟内侧贴地向左前方铲出。（图8–1）

图8–1

2. 左脚尖落地踏实，上体微左转；同时，左手内旋向上，经胸前时两臂相交，左手在外。接着，重心全部移至左腿并微屈，身体继续左转；随之右脚收至左踝内侧约20厘米；随转体左掌经面前、右掌经腹前分别向上、下分展。左臂微屈，左掌置于身体左前方，稍高于头，掌心向外，指尖斜向上；右掌下落置于右胯旁，掌心向下，指尖斜向前。目视前方。（图8–2）

图8–2

【要点】

左掌划弧向前上举与右脚回收要协调一致。

九、斜行拗步

【练法】

1. 先微右转再左转；随转体右脚尖点地碾转；同时，左手外旋，向右、向下微内旋，向左划弧置于左胯旁，指尖向前，掌心向下；右手内旋向上，外旋向左、向前划弧绕至右前上方，指尖向右上，掌心向左；同时，右膝提起。目视右前方。（图9-1、图9-2）

图9-1

图9-2

2. 右腿踏脚落步，屈膝半蹲；身体微右转，随右脚落步，左脚迅速屈膝提起，脚尖自然下垂，以脚跟内侧贴地向左前方铲出；同时，左手继续向右侧推出，屈肘置于胸前，腕同肩高，掌尖向上，掌心向右；右手内旋，继续向右撑开置于右胯侧，掌心斜向下。目视左前方。（图9-3）

图9-3

3. 重心左移，左脚尖落地踏实，屈膝半蹲，上体左转；随转体左掌向右、向下、向左经腹前过左膝变勾，向左上方提起置于左胸前，左臂微屈，勾尖向下；右掌屈肘置于胸前，指尖向上，掌心向左。目视左前方。（图9-4）

图9-4

4. 身体右转，随之右掌向左、向前，经胸前向右划弧平展；左勾手向左下平展；同时，重心稍右移，右腿外掤。当右掌拉开至右前方时，两臂下沉、微屈，左手高与肩平，勾尖向下；右手塌腕，指尖斜向上，掌心斜向前。目视右前方。（图9–5）

图9–5

【要点】

1. 身体以腰为轴左、右旋转，以带动两臂在体侧缠绕，并使其协调一致。

2. 定势时，松肩、沉腕与转腰、合胯、下沉要一致，并要有合劲。

3. 上下肢相应形成30°夹角，才是斜行拗步。不要大于30°，否则，上下肢相对像单鞭。

十、提收

【练法】

1. 上体微右转，重心稍右移；同时，左勾变掌，两臂圆撑，手心向外，指尖向内斜相对。（图10–1）

图10–1

2. 两臂内旋，合于左膝上方，左手在前，右手合于左肘内侧下方约10厘米，两掌心向上。目视左手。（图10–2）

图10–2

3. 身体微右转，重心移于右腿；左腿屈膝，左脚收至右脚左前方约20厘米，脚尖点地；同时，两手向内拉回至腹前，左手在前，右手于左肘内侧，指尖均向前，掌心均向上。目视前下方。（图10-3）

图10-3

4. 身体微右转，重心全部移至右腿，右腿微屈；左腿屈膝提起，膝同腰高，脚尖下垂；同时，两手内旋向前下推按，左掌置于左膝前，右掌置于左膝内侧，两掌心斜向前下。目视前下方。（图10-4）

图10-4

【要点】

1. 左脚内扣与两手相合，左脚回收与两手回收，提左膝与两手推按，均应协调一致。

2. 提膝与两手推按时，要上下合劲，以达到独立稳定的效果。

3. 注意提膝与双手推按要同时，这样提膝向上的劲与双手推按向前下的劲，即形成上下对称劲，可避免身体失衡。

十一、前蹚

【练法】

1. 右腿屈膝下蹲；左脚下落，脚尖翘起，以脚跟内侧贴地向左前方铲出；同时，身体右转。随之两手向右下方划弧，捋至腹前，指尖均向左。目视左前下方。（图11–1）

图11–1

2. 身体微左转，待左脚尖落地踏实后，重心缓缓移至左腿；同时，左手继续向右，经腹前向上划弧，屈肘横于胸前，掌心向外；右掌继续向左、向上划弧，外旋屈肘，而后内旋，以右腕附于左腕内侧。（图11–2）

图11–2

3. 身体微左转；两前臂交叉，两手旋至掌心相背（左手心向外，右手心向内）；同时，重心全部移于左腿，屈膝半蹲；右脚提起经左脚内侧向右铲出。（图11-3）

图11-3

4. 两掌随重心右移向左、右划弧分展，两腕平肩，两臂微屈，指尖均向上，掌心均向外。目视右前方。（图11-4）

图11-4

【要点】

1. 两手左、右分掌与重心右移要协调一致。

2. 定势时，沉胯敛臀，沉肩垂肘，两掌坐腕立掌，并要保持协调一致。

十二、右掩手肱捶

【练法】

1. 微右转，重心稍右移；同时，两臂右捋，左手外旋，手心斜向上；右手置于右腰侧。接着，重心全部移于左腿，右掌上托；右脚蹬地屈膝提起，脚尖下垂。（图12–1、图12–2）

图12–1

图12–2

2. 随之右臂屈肘，右掌变拳，向上、向左、向下收至腹前，拳面斜向下；左臂屈肘，左掌外旋向上、向右、向下，与右手在胸前相合，左掌附于右前臂上；右脚下落，踏地震脚。随即，左腿屈膝提起，左脚向左前方铲出；同时，重心下移，上体微右转。（图12–3、图12–4）

图12–3

图12–4

3. 身体左转，重心左移；同时，右拳变掌，两手内旋，由腹前分别向左下、右下弧形分开，左掌心向外，右掌心向后，两臂撑圆。接着，身体微右转，重心右移；随之右臂屈肘，右手变拳外旋，拳心向上；左臂屈肘，左手外旋，向右、向下划弧置于左肩前，掌心向上。（图12–5、图12–6）

图12–5

图12–6

4. 身体急促左转，随之重心迅速左移，成左弓步，右腿微屈；同时，左手快速收于左肋侧，手心轻贴左肋；右拳随转体后拉蓄劲，随即内旋，经左臂上向右前方急促打出，拳同肩高，左臂微屈，拳心向下。目视右前方。（图12–7）

图12–7

【要点】

1. 此式要体现出卷放劲。

2. 两臂屈肘、两手外旋合于胸前，与松腰沉胯、含胸拔背要协调一致，以形成周身完整合劲。

3. 发拳时，应将周身的蓄劲通过肩、臂迅速达于拳面，而后迅速制动，表现出脆快的冷弹劲。正如拳论所说，“蓄劲如张弓，发劲似放箭”“曲中求直”“蓄而后发”，体现出刚柔相济、快慢相兼的技术特点。

4. 太极拳的弓步发拳是松弹劲，要求松、弹、抖、放，臂应微屈。不可练成长拳的冲拳，长拳冲拳是放远放长之劲。

十三、披身捶

【练法】

1. 身体右转，重心继续左移；随转体左手变拳，内旋向左、向前、向上划弧撩出，至肩高；右拳同时外旋，屈臂于右胯侧，拳心斜向上。（图13–1）

图13–1

2. 重心右移，右拳内旋，由后下向前上划弧，摆至右肩前，拳心向下；同时，左拳内旋，向右、向下划弧至左胯侧，拳心向下。目视右拳前方。（图13–2）

图13–2

3. 身体重心左移，上体左转（拧腰）；同时，左臂屈肘，左拳内旋，拳面贴于左腰侧；右拳外旋下沉，屈腕向左划弧上挑至左肩前。（图13-3）

图13-3

【要点】

1. 两臂的缠绕、开合与重心的转换要协调一致。

2. 右拳至左肩前时，内旋要缠一小圈蓄劲。

十四、背折靠

【练法】

重心右移，上体向右拧转；随之右拳内旋走下弧，屈肘拉于右太阳穴侧，拳心向外；左拳以拳面紧贴腰左侧，使右拳、左肘、左脚尖三点成一线。目视左脚方向。（图14）

图14

【要点】

1. 右拳随身体右转，右臂向右上方掤架，当接近右肩时，背部应有向右后方的靠劲，并保持动作协调一致。

2. 左拳紧顶腰部，以增加背的靠劲。

3. 注意折肘和拧身的要求，眼睛要顺肘尖看左脚方向，使躯干体现出螺旋劲。

十五、青龙出水

【练法】

1. 上体先微左转，再右转，重心亦随之左移；随转体右拳外旋，向下、向后划弧，至右胯旁约20厘米，拳心向上；左臂屈肘，左拳外旋，向下、向左、向上、向右划弧绕至面前，拳心斜向里。目视右侧。（图15–1）

图15–1

2. 身体左转，重心稍右移；同时，右臂伸展，右拳内旋，向下、向右、向上划弧，至与肩同高时屈肘外旋，向左划弧置于身体右前方，拳同肩高，拳心斜向下；左拳继续向右、向下、向左划弧置于左胯前。目视右前方。（图15–2）

图15–2

3. 身体右转，重心左移；同时，左拳内旋变掌，迅速向右前下方抖弹撩出，位同腹高，拇指、食指伸展，其余三指微屈，手心斜向下；右臂屈肘，右拳外旋，向左合收于左后臂内侧，拳心斜向上。（图15–3）

图15–3

4. 身体迅速左转，重心移向右腿，成右偏马步；同时，右拳内旋，迅速向右前下方击出，至右膝前上方，屈肘屈腕，拳眼斜向里；左掌以发右拳的同样速度，屈肘收贴于左腹部，掌心向里。目视右前下方。（图15-4）

图15-4

【要点】

1. 撩掌、发拳速度要快，发劲时要转腰沉胯。

2. 撩掌、收拳与发拳、收掌，形成对拉劲。

3. 像青龙出水这样的发拳，从发拳方法来讲叫侧崩拳，臂要成弧形，劲要达腕部外侧。

十六、斩手

【练法】

1. 身体微左转，再右转；随即重心全部移至左腿并屈膝；右腿屈膝，右脚提起外摆落地；同时，右拳变掌，屈臂后再外旋置于腹前，掌心翻向上。目视右前方。（图16-1）

图16-1

2. 身体继续左转；左脚提起，靠近右脚内侧震脚落地，两腿屈膝全蹲；同时，左掌向左、向上、向前、向下切掌，置于右掌上。（图16–2）

图16–2

图16–2附图

【要点】

右脚外摆与右掌外旋，掌心翻上、左脚震脚与左手切斩，均要协调一致。

十七、劈架子

【练法】

两手于身体左侧划弧内旋，下沉至左腰侧；两腿继续微蹲。接着，两腿伸膝，右腿屈膝上提；左脚蹬地跳起，身体向右后方翻转180° ，右、左脚依次落地，左脚在前，两腿屈膝，重心偏于右腿；随跳起右转，左手外旋，同右手一起向上、向右、向前、向下拍劈掌，左掌置于身体左前方，位同胸高；右手落于腹前，掌心均向下。（图17-1～图17-3）

图17-1

图17-1附图

图17-2

图17-2附图

图17-3

【要点】

1. 翻转跳步、两脚落地与两掌拍劈要协调一致。

2. 落地时，两腿要屈膝站稳。

3. 跳转后两脚要依次落地；两腿要屈膝，重心要偏于后腿；最后要注意两脚的方位，两脚跟间横距约10厘米，不应在一条线上；右脚尖应向右前方，左脚尖应向左前方，步形类似形意拳的三体式，这样就能站得稳。

十八、翻花舞袖

【练法】

上体先右转，再左转；随之重心全部移至右腿，右膝微屈；左脚收回，屈膝上提，膝同腹高，脚尖自然下垂；同时，两掌变拳，随转体左拳在体前向下、向左绕一立圆，置于左膝外侧，距膝约10厘米，拳眼向外，拳心向上；右拳向下、向右、向上划弧上举，右臂微屈，拳稍高于头，拳心向左。目视前方。（图18）

图18

【要点】

1. 两臂抡摆与提膝要协调一致，上、下形成合劲，独立站稳。

2. 在两拳上下分举时提左膝，即可形成上下对称的合劲、松弹劲。

十九、左掩手肱捶

【练法】

1. 左拳向上、向右、向下划弧；右拳变掌，向前、向下划弧。两手在胸前相合，右掌附于左前臂上，指尖向左上；左拳面向右下；同时，左脚向右脚内侧落地震脚；随之右脚跟迅速提起，以脚跟内侧贴地向右前方铲出，两臂继续在胸前合劲。（图19-1、图19-2）

图19-1

图19-1附图

图19-2

2. 同第十二式右掩手肱捶第3、4动，唯方向相反。（图19-3～图19-5）

图19-3

图19-3附图

图19-4

图19-4附图

图19-5

【要点】

1. 两臂在胸前相合与震脚要协调一致。

2. 其他同第十二式。

二十、左六封四闭

【练法】

1. 身体微右转，重心右移；同时，左拳变掌，外旋向下、向右收到右手处，置于右手下方，两掌心斜向内。接着，两腕轻贴合劲向左上方弧形挤出，两手同肩高。而后，左手内旋，右手外旋，同时向左前方伸展，置于左肩侧。目视左手。（图20–1）

图20–1

陈式五十六式太极拳

1–21式

22–27式

28–37式

38–56式

陈式五十六式太极拳 正面

陈式五十六式太极拳 背面

2. 右脚外摆，重心全部移至右腿，右膝微屈；同时，身体右转，左脚向左前方上步，脚尖点地，左腿微屈，成左虚步；随之右手向下、向右划弧，经胸前时内旋转臂，屈肘屈腕，以手背一侧弧形向右上方拦叼至右耳侧，劲贯手背，小指、无名指、中指依次内收；左臂屈肘，左手外旋，向下、向右、向上划弧上托至左肩左前方，稍低于肩，指尖向左，掌心向上，劲贯掌指。（图20–2）

图20–2

3. 身体微右转，重心全部移至右腿，屈膝半蹲；左脚以脚跟内侧贴地向左前方铲出，继而重心稍左移，左脚尖落地踏实；同时，两手拉开后向内划弧，合于下颌前，掌心斜向下。（图20–3）

图20–3

4. 身体微左转，重心全部移至左腿，微屈膝；右脚向左脚内侧收步，屈膝外展，脚尖点地，两脚相距约20厘米，成右虚步；同时，两掌合劲向左下方按至左胯侧，两臂微屈，虎口斜相对，掌心斜向下。目视左下方。（图20-4）

图20-4

【要点】

同第四式“右六封四闭”。

二十一、右单鞭

【练法】

练法同第五式“左单鞭”，左右对称，唯方向相反。另外，右脚向右后方擦步铲出，成右斜单鞭。（图21–1 ~ 图21–4）

图21–1

图21–2

图21–3

图21–4

【要点】

同第五式“左单鞭”。

二十二、右云手

【练法】

1. 身体重心稍左移，再右移。接着，身体微右转，重心移至左腿并屈膝；右脚迅速收至距左脚约20厘米处，脚尖点地，右腿屈膝微外展；同时，左掌内旋，右掌外旋，向右、向下、向左划弧于身体左前方，左掌于左肩前，右掌于左腹前，掌心均向外。目视前方。（图22-1）

图22-1

2. 身体微左转，左腿屈膝半蹲，右脚向右后方铲出；同时，两掌向左前方稍推。目视左方。（图22-2）

图22-2

3. 身体微右转，重心移至右腿并屈膝；随之左脚向右后方插步，前脚掌着地；同时，右掌内旋，向上、向右划弧于右胸前，指尖向左上，掌心向外；随之左掌外旋，向下、向右划弧于右腹前，掌心向外。目视右方。（图22-3）

图22-3

4. 身体微左转，重心移至左腿并屈膝，右脚向右方铲出；同时，左掌内旋，经胸前向上、向左划弧于身体左前方，稍高于肩，掌尖向右上，掌心向外；右掌外旋，向右、向下、向左划弧于左腹前，指尖向下，掌心向外。目视左方。（图22-4）

图22-4

5. 两腿屈膝下蹲，重心移向右腿，身体慢慢右转；随之右手内旋，掌心向下；左手外旋，掌心向上。随体转移重心，两臂屈肘经胸前向右划弧平摆，左臂微屈，左掌心向上；右臂屈肘，右掌于左臂内侧，掌心向下。（图22-5）

图22-5

6. 身体微右转，重心全部移至左腿；右腿提膝，右脚自然下垂；同时，左臂向前、向右，向胸部时屈肘，经右前臂下与内侧，绕至右前臂上内旋翻掌，向左前伸臂横掌击出，掌心向下；右前臂外旋，使掌心向上，向右下回拉至腹前。目视前方。（图22-6）

图22-6

【要点】

1. 以上为右云手，两手高不过额，低与腹平，在体前云转缠绕，与下肢侧行要协调一致，并要以腰部的转动来带动上下虚实变换。

2. 第5、6分动为过渡动作，使身体转换方向过渡到下动“云手”。

二十三、左云手

【练法】

1. 身体微右转；右脚下落踏震并屈膝，随即左腿屈膝，左脚跟提起，脚尖点地。目视左前。（图23-1）

图23-1

图23-1附图

2. 动作同二十二式“右云手”第2～4分动，唯方向相反。（图23–2～图23–4）

图23–2

图23–2附图

图23–3

图23–4

【要点】

同二十二式“右云手”。

二十四、高探马

【练法】

1. 左脚尖外摆，重心左移，左腿屈膝半蹲，身体微左转；同时，两臂微屈，左掌内旋，继续向右、向上、向左划弧至左肩前上，指尖向右上，掌心斜向下；右掌外旋，向右、向下划弧至体右前方，放于腰侧，掌心斜向上。目视左前方。（图24-1）

图24-1

2. 身体继续微左转，重心左移，左腿屈膝；右脚提起，经左脚内侧以脚跟内侧贴地向右铲出；同时，两臂微屈，两手外旋，交叉于胸前，左手在右手之上。（图24-2）

图24-2

3. 重心移向右腿，右脚踏实，右腿屈膝半蹲，成右偏马步；同时，两手内旋，掌心转向外，分别向左、右分展于体侧前方，两臂微屈，腕同肩高，指尖斜向上，掌心向外。（图24-3）

图24-3

4. 上体右转，左臂外旋，左掌心转向上；右手外旋，向下、向右经右胯侧上托至右肩旁；同时，右脚尖内扣，合胯。接着，身体左转，重心全部移至右腿并屈膝，右脚尖向右；左脚尖贴地划弧至右踝内侧约20厘米处，成左八字虚步；同时，两臂屈肘，左掌收至腹前，指尖向右，掌心向上；右掌经耳侧向前推出，成立掌，指尖同鼻高。目视右前方。（图24-4、图24-5）

图24-4

图24-5

【要点】

右脚内扣、合胯与两臂左右平展要快速并协调一致，使身体上下形成一股拧劲。

二十五、右连珠炮

【练法】

1. 身体左转；随之左臂屈肘，左掌微上提；右掌外旋，向下、向左划弧于左腹前。随即，身体右转，两前臂相叠向前挤出，左臂在里，右臂在外。（图25-1、图25-2）

图25-1

图25-2

2. 重心移至右腿并屈膝下蹲，左脚向左后撤一步。接着，重心移至左腿并屈膝，身体左转；随之右腿屈膝，脚跟提起，脚尖微左碾点地；同时，左手向下、向左划弧，经胸前上掤刁于左耳侧，掤劲贯手背，五指斜向下，小指、无名指、中指依次内收；右臂屈肘，右手外旋，向下、向左、向上划弧托于右肩前方，右掌稍低于肩，指尖向右，劲贯掌指。（图25–3）

图25–3

3. 左腿屈膝，右腿向右上步，随之松腰沉胯敛臀，重心下降；同时，两手内旋，向上划弧收于胸前，手心斜相对。接着，身体右转，左脚蹬地，重心移向右腿，左脚稍离地面，以脚跟铲地跟进半步；同时，双掌合劲迅速向前推出，两臂微屈，左手同胸高，指尖向上，掌心向前；右手同肩高，指尖向左上，掌心斜向前。（图25–4、图25–5）

图25-4

图25-5

4. 重心全部移至右腿并屈膝，左脚向左后撤步，随之重心下降。接着，重心全部移至左腿并屈膝，身体左转；随之右腿屈膝，脚跟提起，脚尖微左碾点地；同时，左手向下、向左上划弧经胸前内旋转腕，屈肘、屈腕掤刁于左耳侧，五指斜向下，小指、无名指、中指依次微内收；右臂屈肘，右手外旋向下、向左、向上划弧托于右肩前方，右掌稍低于肩，指尖向右，掌心向上。目视右前方。（图25-6、图25-7）

图25-6

图25-7

5. 后续动作与此式的第3分动相同。（图25-8、图25-9）

图25-8

图25-9

【要点】

1. 以上即为右连珠炮。分动1、2、3为第一次连珠炮，分动4、5为第二次连珠炮。

2. 此式在左腿屈蹲，松腰、沉胯、敛臀与两手合于胸前时，全身要形成一个合劲，也是蓄劲。当全身蓄满劲后，迅速迈步跟进，并推动两手向前发出。

3. 左脚跟擦地跟进与两手前击，要协调一致。该动作应重复两次，以突出刚劲。

二十六、左连珠炮

【练法】

1. 重心移向右腿，左脚后撤半步。随之身体左转，重心移至左腿并屈膝，右腿微屈；同时，两手下捋至腹前，两掌心斜向下。（图26-1）

图26-1

2. 重心全部移至左腿并屈膝，右脚提起向右后退一步，身体右后转，重心右移，右腿屈膝；左脚以脚前掌为轴碾转、脚尖点地，左腿屈膝并稍外展；同时，两臂继续向左、向上划弧，左手同肩高、右手同胸高时，左手内旋展掌，掌心向下；右手外旋，掌心向上。右手随转体再向下、向右划弧，经胸前内旋转腕，屈肘屈腕，以手背一侧腕关节弧形向右上掤于右耳侧，五指斜向下，小指、无名指、中指依次微内收；左臂屈肘，左手外旋，向下、向左、向上划弧托于左肩前方，左掌稍低于肩，掌心向上。（图26-2、图26-3）

图26-2

图26-3

3. 与二十五式“右连珠炮”第3分动相同，唯方向相反，取左右对称。（图26–4、图26–5）

图26–4

图26–5

4. 与二十五式“右连珠炮”第4分动相同，唯方向相反，取左右对称。（图26-6、图26-7）

图26-6

图26-7

5. 与二十五式“右连珠炮”第3分动相同，方向相反。（图26–8、图26–9）

图26–8

图26–8附图

图26–9

【要点】

1. 跟步时，应向前挫跟，脚不要离地太高。

2. 两掌随上体转动向前发劲推出，两臂微屈，掌腕弹放。

3. 第1分动为换式过渡动作，第2、3、4、5分动为“左连珠炮”。要点与二十五式“右连珠炮”相同。

二十七、闪通背

【练法】

1. 上体右转，随之两掌右捋，左手外旋于左肩前；右手内旋，向胸前平划弧至身体右前方，位同腰高，指尖向前，掌心向下；同时，右腿屈膝下蹲；左腿屈膝，脚尖提起。目视左前方。（图27-1）

图27-1

2. 身体左转，随之左脚提起前进半步，重心前移，成左弓步，右腿微屈；同时，两臂屈肘，左掌内旋，划弧于胸前；右掌外旋，向右、向下划弧置于右腰侧，掌心转向上。随重心前移，右掌经左前臂上向前上方穿出于右肩前，腕同肩高，指尖向前上，掌心斜向上；左掌向下、向左划弧于左胯旁，掌尖向前，掌心向下。（图27–2）

图27–2

3. 上体右转，重心右移，随之左掌外旋由腰间向前穿出，置于左膝上，掌心向上；右掌内旋，掌心向外，置于胸前。（图27–3）

图27–3

4. 接上，左脚尖内扣，上体微右转，左臂屈肘，左掌合于左耳侧；右掌以腕关节为轴，继续内旋。紧接着，左脚以前脚掌为轴，身体迅速向右后转180°，随之右脚以前脚掌贴地，向后扫转半圈至左脚左后方，脚跟踏地落实，两腿屈膝，重心稍偏于右腿；同时，左掌继续由耳侧随转体向左前下推劈，左臂微屈，腕同胸高，指尖斜向上，掌心斜向右；右掌随转体向前、向右、向下划弧于右腹前，屈肘屈腕，指尖向左，掌心向下。目视左前方。（图27–4）

图27–4

【要点】

1. 左脚上步与右掌前上穿出，右脚跟落地踏震与右手下按、左手左前下推劈，皆要协调一致。这样才能形成一前一后的对拉劲。

2. 转身后扫推掌时，要充分体现出以腰带动四肢的技术特点，突出腰的拧转劲。

3. 后扫时，右前脚掌要贴地擦动。

二十八、指裆捶

【练法】

1. 身体右转，随之左手外旋稍向上、向右划弧于左胸前，掌心斜向上；右手随转体向下、向右划弧至右胯旁，指尖向左前，掌心向下。（图28-1）

图28-1

2. 左掌掌心翻转斜向下，向左、向上划弧；同时，右掌上托，掌心旋向上；右膝上提，右脚尖下垂。（图28–2）

图28–2

3. 接着，右脚下落踏地并屈膝；左腿屈膝；左脚跟抬起，脚尖点地；同时，右掌变拳下栽，拳心向下；左手划弧，掌心向下，置于右拳上方，两手合于胸前，两臂屈肘，前臂相叠。随即，右腿屈膝下蹲，左脚提起，以脚跟内侧贴地向左前方铲出。（图28–3）

图28–3

4. 重心向左腿稍移并屈膝，左脚尖下落踏实；同时，两臂向左右分展，左手侧举，左臂微屈，左掌稍高于肩，指尖向左上方，掌心向外；右拳成右斜下举，拳心向后。紧接着，身体微右转，重心稍移向右腿；同时，左掌内旋，向右、向下，位同胸高，掌尖向左前，掌心斜向上；右臂屈肘外旋，向上、向左划弧至右胸前，拳心向后。（图28-4、图28-5）

图28-4

图28-5

5. 身体急速左转，稍前倾；重心移向左腿，成左弓步，右腿微屈；同时，左手向右、向下划弧，经胸前时微内旋，向左收于左腰侧，掌心轻贴腹部；右拳由肩前继续向左、向下划弧，经胸前时内旋，从左手心上向左前下方抖弹冲出，右臂微屈，拳心斜向下。（图28-6）

图28-6

图28-6附图

【要点】

1. 身体左右转动，带动两臂左右划弧缠绕，要协调、柔顺。

2. 两臂在胸前合劲，然后转腰发拳，转腰、收掌、发拳要协调一致。

3. 发拳时，上体稍前倾，但不可塌腰突臀。

二十九、白猿献果

【练法】

1. 上体右转，重心右移；右拳向右、向上划弧，经面前捋至右肩上方，略高于肩，拳心朝后。目视右前方。（图29–1）

图29–1

2. 上体微微左转，重心稍移向左腿；同时，左手屈腕上提，以拇指侧虎口轻贴腹部向前旋转至腹前；右拳下沉，向左内旋至右腰侧，拳心向上。目视右下方。（图29–2）

图29–2

3. 身体左转，重心全部移至左腿并微屈；右腿屈膝提起，膝同腹高，脚尖自然下垂；同时，左手外旋变拳，向下、向左划弧收于左腰侧，拳心向上；右拳经腰侧向前、向上划弧穿出至右肩前，右臂屈肘，拳心向后上。目视右前方。（图29–3）

图29–3

图29–3附图

【要点】

1. 两臂缠绕，右手在体前形成一个小圆，两臂配合要协调，动作要连贯。

2. 在身体重心全部移到右腿时，右臂与右腿要同时动作。

三十、双推掌

【练法】

1. 左腿屈膝，右脚向左前迈步落脚，屈膝半蹲，重心偏于左腿；同时，身体右转，右拳变掌后两臂展开，同时以腕关节为轴向后旋转，两掌合于左肩前。（图30-1）

图30-1

图30-1附图

2. 身体右转，重心全部移至右腿并屈膝；左脚尖外展，点于右脚内侧约20厘米处，左腿屈膝外展，成左虚步；同时，两掌由肩上向前、向下经胸前平推，腕同胸高，指尖向上，两掌心斜相对。目视两掌之间。（图30–2）

图30–2

【要点】

落右脚成马步双分掌，跟左脚成左虚步与双推掌，均要协调一致。

三十一、中盘

【练法】

1. 身体右转，随之左掌内旋，左腕内扣，自胸前横向切出，左臂微屈，左掌尖向右，掌心向下；右手伸腕外旋，由左掌下方挫掌内收胸前，稍低于左掌，右臂屈肘，指尖向左，手心向上。目视前方。（图31-1）

图31-1

2. 身体微左转，右掌翻转，自胸前横向切出，指尖向左，掌心朝下；左掌外旋，向后收回，置于胸前，指尖向右，掌心向上。（图31-2）

图31-2

3. 与此式第2分动相同，唯方向相反，左右对称。（图31-3）

注：在前节1、2、3分动中，左脚尖点地随身体左右转动而碾转。

图31-3

4. 身体微左转，左脚提起；同时，左掌从外侧向右、向下划弧后，经过左膝收于身体左侧；右掌向左、向上、向前划弧经左前臂上穿出，位同肩高，指尖向上。目视前方。（图31–4）

图31–4

5. 身体右转，随之右掌继续向前、向右、向下、向后划弧，于身体右前方成斜下举；左掌向后、向左，经胸前向前、向上划弧成左前斜上举。接着，左脚下落踏地并屈膝，右脚跟提起；同时，两臂左上、右下在胸前相合。随即，左腿屈蹲，右脚以脚跟内侧贴地向右铲出；同时，两手继续绕臂相合，左掌于右后臂上，指尖向右上，掌心向外；右掌斜向下，指尖向左前下，掌心向后上。眼看右侧。（图31–5）

图31–5

6. 紧接上动。上体微左转，随之右脚尖内扣下落踏实，重心向右移动并稍偏于右腿；同时，左掌向前、向左下划弧于左膝上约20厘米处；右手向前、向右上划弧，并屈腕上提于头右前方，稍高于头，拇指自然伸展，食指、中指、无名指、小指依次自然向掌心屈拢，掌心向左下。双目平视。（图31–6）

图31–6

图31–6附图

【要点】

1. 身体左右转动，并带动两臂在胸前缠绕成圆，要协调一致。

2. 身体转动时，不要左右荡臀。两手臂上下翻转挫拉时，要以身带臂，这样转身即不荡臀。

3. 这一式有三次翻转换掌，前两次换掌要慢，第三次要快，这样练起来才能体现出节奏感。

三十二、前招

【练法】

身体右转，随之重心移至右腿并屈膝；左脚向左前方进半步，左脚尖点地，成左虚步；同时，右手展指，以腕关节为轴，先向外旋再内旋，在右肩前上方缠绕一圈至额右前方，指尖向左，掌心向外；左手展腕向左、向前划弧于左膝前上方约10厘米处，指尖向前下，掌心向后下。目视左下方。（图32）

图32

【要点】

进左脚与左手向左前划弧要协调一致。

三十三、后招

【练法】

左脚向左前活步，外摆落地踏实，重心全部移至左腿并屈膝；右脚向右前上步，脚尖点地，右腿屈膝，成右虚步；身体右转；同时，左手外旋，向右、向上划弧，经胸前时内旋，向上、向左划弧至额左前方，指尖向右，掌心向外；右手向右、向下、向左划弧于右膝上约10厘米处，掌尖向前下，掌心向后下。目视右下方。（图33）

图33

【要点】

同第三十二式“前招”。

三十四、右野马分鬃

【练法】

1. 上体右转，随之两臂上下相绕，右手外旋，向左、向上划弧，经胸前时转内旋，向上、向右划弧至额右前方，指尖向左，掌心向外；左手向左、向下外旋，向前划弧至左大腿外侧，指尖向下，掌心向前。（图34–1）

图34–1

2. 身体左转；左手外旋，继续向右、向上划弧，经胸前时转内旋，向上、向左、向下划弧至身体左侧，腕同肩高，指尖向左前上，掌心向外；右手向右、向下外旋，向前、向左划弧至右腰侧；同时，右脚向右前斜方铲出。目视右下方。（图34-2）

图34-2

3. 重心移向右腿，右脚尖落地踏实，屈蹲成右偏马步；同时，左手微外展，指尖向左前上，掌心向外；右手向右前上方穿出，指尖同鼻高，掌心向右后。目视右前方。（图34-3）

图34-3

图34-3附图

【要点】

1. 成马步与两臂向外分展要协调一致。

2. 注意步形。此式是马步，重心要偏于穿掌一腿，而不要做成弓步。

三十五、左野马分鬃

【练法】

1. 身体微左转；右脚外碾，重心全部移至右腿并屈膝，左腿屈膝提起后向左前铲出；同时，右手内旋，掌心向外，向上、向右划弧至身体右侧，腕稍高于肩，指尖向右上方，掌心向外；左手向下、向右、向上外旋划弧收至左腰侧，掌心向上。目视出脚方向。（图35-1）

图35-1

2. 重心移向左腿，左脚尖落地踏实，屈蹲成左偏马步；同时，右手微外展，指尖向右前上，掌心向外；左手向右前上方穿出，指尖同鼻高，掌心向左后。目视左前方。（图35–2）

图35–2

【要点】

同第三十四式，唯方向相反。

三十六、摆莲跌叉

【练法】

1. 身体重心稍移左腿，上体微左转；随之左手向左前伸，腕同肩高；右手向前、向左划弧至左肩前，右腕与肩同高，掌心向外。（图36–1）

图36–1

2. 接着，重心稍移右腿，上体微右转；随之左臂屈肘，左手内旋，向右划弧收于右肩前，指尖向上，掌心向右，与右手同时置于右肩前。随重心移向右腿，两手向右前斜方推出，置于右膝上方。（图36–2）

图36–2

3. 身体左转，重心移向左腿；同时，两手向下、向左划弧，左手捋按于左腰前，指尖向右下，掌心斜向下；右手捋按至右胯前方，指尖向右下，掌心斜向下。目视右下方。（图36–3）

图36–3

4. 上体微左转，重心移向左腿，随之两手向左、向前、向上划弧，位同胸高，掌心向下。接着，上体右转，重心移向右腿；同时，两手平摆向右划弧至体前，位同胸高，两手相距稍宽于肩，手心向下。紧接着，右脚收到左脚内侧，脚尖点地，两腿屈膝，右膝稍内合；两手继续向右划弧，右手下落同腰高，左手至右腹前。目视前方。（图36–4）

图36–4

5. 重心全部移至左腿并微屈独立，右脚向左、向上、向右划弧摆起至胸前；同时，两手向左、向上依次击拍右脚脚面。目视右手。（图36–5）

图36–5

6. 左腿屈膝，右脚下落于左脚内侧并屈膝踏地震脚，随之左脚迅速离地稍提起；同时，两掌变拳，合于腹前，左拳置于右臂内侧。接着，右腿屈膝下蹲，左脚尖翘起，以脚跟贴地向左前方铲出，右膝里扣，松胯合裆下沉，臀部、右膝内侧和左腿后侧贴地；同时，右臂微屈，右拳经面前向上、向右弧形举至肩右前上方，拳心向外；左拳随左脚铲出前伸，拳心向内。目视左前方。（图36-6、图36-7）

图36-6

图36-7

【要点】

1. 第1、2、3、4、5分动为摆莲。第6分动为跌叉。

2. 右脚下震、左脚提起与合臂收拳要协调一致。

3. 左脚铲出时，上体不要倾斜。

三十七、左右金鸡独立

【练法】

1. 右脚蹬地，重心移向左腿，成左弓步；同时，右拳下落与腰平；左拳内旋，随弓步向前上稍举起，拳稍低肩。（图37-1）

图37-1

2. 接着，上体左转，随之重心全部移到左腿，右腿屈膝向前提起；同时，左臂屈肘，左拳变掌横于胸前，掌心向下；右拳变掌，向下经胯侧外旋向前、向上从左前臂内侧穿出，掌心向右后。而后，右掌经面前内旋上穿成右上举，掌心向右，左手下落左胯旁，掌心斜向下。双目平视。（图37–2、图37–3）

图37–2

图37–3

图37–3附图

3. 左腿屈膝下蹲；右脚下落，在左脚内侧轻轻踏地，两脚相距约20厘米；右掌随右脚下踏按于胯右前侧，左掌稍抬起，与右掌同时按于左胯前，掌尖均向前，掌心均向下。目视前方。（图37–4）

图37–4

4. 上体右转，重心稍移向右腿；同时，两掌随转体向下、向右划弧。接着，上体左转，重心移至左腿并继续下蹲；右脚提起，脚尖上翘，以脚跟内侧贴地向右铲出；同时，两臂微屈，左掌内旋，右掌外旋，两掌一齐向前、向左、向上划弧摆掌。左掌伸至身体左前方，腕同肩高，指尖向右前，掌心向左前；右掌于胸前，指尖向右前，掌心向左前。目视右方。（图37–5、图37–6）

图37–5

图37–6

5. 重心移向右腿并屈膝，上体微右转。随之左脚收于右脚内侧，脚尖点地；右膝微屈稍外展；同时，左掌向下、向后、向右划弧收至左腰侧，指尖向前，掌心向上；右掌向下、向左划弧，按于右胸前成横掌，指尖向左，掌心向下。（图37–7）

图37–7

6. 身体微右转，随之左手外旋，向上从右前臂内侧穿出，掌心向左后。接着，重心全部移至右腿并微屈；左腿屈膝提起，膝同腹高，脚尖下垂；左手继续上穿，经面前内旋上穿成左上举，掌心向左；右手下落于右胯旁，掌心斜向下。双目平视。（图37–8、图37–9）

图37-8

图37-9

【要点】

1. 一手上穿、一手下按，要协调一致。要有上下对拉劲，以加强独立平衡的稳定性。

2. 在第1分动中，当身体重心全部移至左腿时，可慢慢收回右腿，再屈膝上提，这样站得就稳。

三十八、倒卷肱

【练法】

1. 右腿屈膝下蹲，左脚下落于右小腿内侧；左手下落于额前时，右手向前上伸于左肘内侧。接着，左脚向左后方落步，左手继续下落于胸前，右手经左前臂向上、向前穿出。而后，身体左转，两腿屈蹲，成左偏马步；左手随体转继续向下、向左划弧至左腹侧，指尖向左前；右手继续向右前伸展，约同肩高，指尖向右前，掌心向外。目视右前方。（图38-1、图38-2）

图38-1

图38-2

2. 身体微左转，重心稍移左腿；同时，左手上划外旋，两掌心翻向上。随之重心移至左腿并屈膝，右脚掌轻贴地面，经左脚内侧向右后方弧形擦地退步，身体右后转，两腿屈膝下蹲，成右偏马步；随转体左臂屈肘，左手经左耳侧向左前从右臂上展臂推出，约同肩高，指尖向左前，掌心向外；右手向下、向右划弧至右腹侧，指尖向右前。目视左前方。（图38–3、图38–4）

图38–3

图38–4

3. 身体微右转，重心稍移右腿；同时，右手上划外旋，两掌心翻向上。随之重心移至右腿并屈膝，左脚掌轻贴地面经右脚内侧向左后方弧形擦地退步，身体左转，两腿屈膝下蹲成右偏马步；随转体右臂屈肘，右手经右耳侧向右前从左臂上展臂推出，腕稍高于肩，指尖向左前，掌心向外；左手随转体向下、向左划弧于左腹侧，指尖向右，掌心向下。（图38–5、图38–6）

图38–5

图38–6

【要点】

1. 此式的每一分动，为一次倒卷肱。分动1为右卷肱；分动2为左卷肱；分动3为右卷肱。

2. 卷肱与退步，要协调一致。

三十九、退步压肘

【练法】

1. 身体微左转，随之重心移向左腿；右手外旋，向下、向左划弧至胸前，腕稍低于肩，指尖向右前，掌心向上。（图39-1）

图39-1

2. 上体右转，重心移向右腿；随之左手展臂内旋于体左前方，位同胸高，指尖向前，掌心向外；右手内旋于胸前，指尖向左前，掌心斜向下。（图39-2）

图39-2

3. 上体右转，重心移向左腿并微屈；随之右脚跟提起，脚前掌贴地向左后划弧收于左脚右前方，右腿微屈；同时，左手继续向右划弧平摆，屈腕内旋上提于右胸前，手指放松下垂，左臂屈肘横于胸前，肘尖向左前；右手外旋，向左划弧平摆于左肘下约10厘米处，指尖向左前，掌心向上。（图39-3）

图39-3

4. 接着，右脚经左脚内侧向右后擦地退一步，脚跟踏地，右腿屈膝微蹲，重心偏于右腿；同时，左手经右臂上横掌迅速向左前方击出，位同腹高，指尖向右，掌心向下；右掌在左肘下以左掌横击的同样速度，屈肘收于右腹前，指尖向左前，掌心向上。目视左下方。（图39-4）

图39-4

【要点】

1. 右脚后退与两掌推拉要协调一致。发力要快速短促。

2. 定势时，右肘尖不要超出身体，左臂微屈，左掌横切，这样两掌间距正好等于一前臂长，符合压肘要求。

四十、擦脚

【练法】

1. 身体微右转，重心移向右腿；随之两手同时下捋，指尖均向左，右掌心向下，左手置于腹前。（图40-1）

图40-1

2. 重心移于左腿并屈膝，右脚跟提起；同时，左手继续向下、向左、向上划弧于腹前，左臂屈肘，翘腕，左指尖向左上；右手继续向上划弧外旋举于肩右上方，腕稍高于肩，指尖向右后，掌心斜向前。接着，重心全部移至左腿，右脚向左脚前侧上步，外摆落地，两腿屈蹲，右脚跟提起，右腿在左腿上，重心偏于左腿，成歇步；同时，左臂屈肘，左手内旋，伸腕横臂于胸前，指尖向右，掌心向下；右手向前、向左、向下划弧，右臂屈

肘，与左前臂相叠于胸前，右前臂在上，右指尖向左，掌心向下。目视左前方。（图40–2）

图40–2

3. 两腿伸直，重心全部移至右腿，左腿由屈到伸，左脚向左前上踢摆，脚面展平；同时，两手分别向上、向左右划弧分掌，右手于右上方，指尖向上，掌心向外；左掌击拍左脚面。目视左手。（图40–3）

图40–3

【要点】

1. 在第2分动时，歇步不要太高。

2. 在两腿伸起的同时，左腿由屈到伸，左脚向左前上踢摆。

3. 右脚向左前盖步与右臂向左下落胸前、两前臂相交，要协调一致。

4. 两手向左右分展与左脚踢摆，要协调一致。

5. 左掌击拍左脚面，要快速、准确。

四十一、蹬一根

【练法】

1. 身体右转180°，左脚收至右脚侧，两脚相距约同肩宽，两腿微屈；同时，两臂展开，高约同肩，掌心斜向下。（图41–1）

图41–1

2. 右脚跟提起，脚尖点地；同时，两拳向下、向内划弧，两腕交叉叠于腹前，右拳在外，拳眼向前。目视右下方。（图41-2）

图41-2

3. 接着，重心全部移至左腿；右腿由屈到伸，脚尖内扣，以脚掌外侧为力点，向右上踹出，与腰同高；同时，两臂分别向左右上方展臂撩拳，拳约与肩平，拳心斜向下。（图41-3）

图41-3

【要点】

1. 右脚侧踹与两臂分展，须协调一致。

2. 右脚要快速发力。踹出后，借反弹力，使右腿微屈。

四十二、海底翻花

【练法】

1. 左腿屈蹲，右腿屈膝下落；同时，右臂内旋，左臂外旋，上体右转，两拳合于左胯侧。目视右前下方。（图42-1）

图42-1

2. 右拳经体前划弧后下砸，拳心向上，置于右腰侧；左拳经身体左侧内合屈肘，向上举起，拳心向右；同时，右膝提起，脚尖下垂。（图42-2）

图42-2

【要点】

1. 此动作为上下、前后发劲。发劲时，要保持身体平衡。

2. 提膝、举臂、翻臂下压要协调一致。

3. 在分动1中上肢和下肢要稍微放松，然后两拳动作要快，在左拳上举、右拳下压时提右膝，这样既紧凑，又体现出上下肢的合劲。

四十三、击地捶

【练法】

1. 左腿屈膝，右脚向前落步并屈膝，重心移向左腿，上体微右转；同时，左拳外旋至面前，拳同肩高，拳心向里；右拳向里划弧。目视左前方。（图43–1）

图43–1

2. 重心全部移至右腿，右脚蹬地；左脚跳起向前上一步踏实。右脚在左脚将落未落之时，迅速向左腿内侧收提、落地，脚跟着地；上体左转；同时，左拳向下、向左后划弧至左肩侧；右拳继续向上、向前划弧屈臂，拳同肩高。目视右前方。（图43-2）

图43-2

3. 上体微左转，再右转；右脚以脚跟内侧着地向右前铲出，重心移向右腿，脚尖下落踏实，右腿屈膝，成右弓步；两臂随身体左右转动于身体两侧，左手按顺时针方向、右手按逆时针方向各划一圆。随之两臂内旋，右拳上提于头右侧，拳心向下；左拳向左前下栽，高同小腹。目视左下方。（图43-3）

图43-3

【要点】

1. 右脚铲出与身体左转要协调一致。

2. 右转身成弓步与栽左捶要协调一致。

四十四、翻身二起

【练法】

1. 腰左转，重心移至左腿，右脚尖内扣；同时，右手下划弧于腰间后，外旋伸出至右膝上方；左拳外旋屈臂至面前。目视右下。（图44-1）

图44-1

2. 身体向左后翻转，右腿伸起微屈；左腿随体转向左滑步，脚尖点地；同时，左拳向上、向下划弧至左胯侧，拳心斜向上；右拳外旋，向上划弧举于右肩前，拳心向内。目平视前方。（图44-2）

图44-2

3. 左脚跟落地踏实，重心移向左腿并屈膝，上体右转；随之右拳外旋，向前下落，向下、向后划弧于胯旁，拳心向上。接着，右脚向前上步，屈腿，重心移向右腿，上体稍前倾下压；同时，右拳向下、向右后划弧斜下举；左拳向后、向上、向前、向下划弧于左肩前。随即，左腿屈膝上摆，右脚踏地，身体腾起，右腿在空中由屈到伸向前上踢摆；脚到胸高时，右拳变掌向上、向前下去拍右脚面；左拳变掌向下、向左划弧上举，位同肩高，掌心向下。目视右手。（图44-3、图44-4）

图44-3

图44-4

【要点】

1. 上步摆臂动作要协调连贯。

2. 拍脚要准确。

四十五、双震脚

【练法】

1. 左脚落地，右腿屈膝下落；在右脚即将落地时，左脚蹬地向后跳起。右脚、左脚依次向后落步，两腿屈膝，重心偏向右腿；同时，两手分别向左右分展，位于体侧前方，两腕同肩高，两掌内旋，掌心均向外。目视前方。（图45-1）

图45-1

2. 身体重心移向左腿并屈膝，右脚稍后撤，脚尖点地，成右虚步；同时，上体微左转，两掌由两侧向下外旋，向内相合，掌心向上托于胸前，右手在前，左手在右肘内侧。接着，两腿屈蹲；同时，两掌内旋下按，左手置于腹前，右手微高于左手。（图45–2、图45–3）

图45–2

图45–3

3. 右腿屈膝上摆，左脚蹬地跳起；两掌一齐外旋，裹劲托于胸前，右腕稍高于肩，左手在右肘内侧。左脚、右脚依次下落踏地；同时，两手内旋，下按胸前，右手在前，左手在右肘内侧，掌心均向下。目视右下方。（图45-4、图45-5）

图45-4

图45-5

【要点】

1. 两臂内裹上托与摆腿蹬地要协调一致。

2. 身体一跃而起，然后两脚依次下落，踏地作响。

3. 起跳时，先将右腿屈膝提起，左脚就容易蹬地起跳，这样即可纠正右脚蹬地起跳的毛病。

4. 右腿屈膝提起，在左脚蹬地跳起后，左脚先下落踏地，然后右脚再下落踏地，即会有双震效果。

四十六、蹬脚

【练法】

重心全部移至左腿，右腿屈膝，右脚提起；两手一齐外旋胸前，右手置于左肘内侧。接着，右腿由屈到伸，右脚尖翘起，以脚跟为力点，向右前快速蹬出，腿要直，脚要过腰，然后借反弹力屈膝；右手立掌向右前推出，右臂微屈，腕与肩同高；左手架于头左上方，手心斜向上，左臂微屈。目视右手。（图46–1、图46–2）

图46–1

图46–2

【要点】

1. 蹬腿与架推掌要同时完成。

2. 快速发力，身体要稳定端正。

四十七、玉女穿梭

【练法】

1. 右脚向右前落步，脚尖稍外摆，右腿微屈；右臂向前平伸穿出，手心向下；左臂屈肘，左手落至左腰侧，手心向上。目视右前方。（图47-1）

图47-1

2. 左脚向前摆起，右脚蹬地，使身体腾起；同时，身体在空中右转，左手迅速横掌向左推出；右手收架头右上方，手心斜向上。接着，左脚落地，右脚向左后方落地插步，前脚掌着地，两腿屈膝，重心偏左腿；两臂姿势基本不变。目视左手方向。（图47–2）

图47–2

【要点】

1. 腾起后以左脚先落地支撑身体重心，为实；右腿由屈到伸，前脚掌触地，为虚。

2. 虚实分明，敏捷、轻盈。

四十八、顺鸾肘

【练法】

1. 重心右移，右脚跟踏实，以左脚跟为轴，左脚尖里扣；身体向右转，重心微右移，两脚踏实，随之两手继续划圆。接着，重心移至左腿并屈膝，右脚提起，以脚跟内侧贴地面向右铲出；同时，上体微左转，两臂向内合臂交叉于左胸前。左臂屈肘，左掌根横压右后臂内侧，手心向右下；右臂向左上外旋托起，置于左胸前，手心向上。目视右方。（图48-1、图48-2）

图48-1

图48-2

2. 两腿屈蹲沉胯，重心向右腿移动；两臂屈肘，叠臂合劲，交叉体前；两手变拳，拳心向下。接着，上体迅速微右转，两臂尽量屈肘，以肘尖为力点向两侧后下方发劲顶击；同时，沉胯成马步。双眼平视前方。（图48-3）

图48-3

【要点】

1. 顶肘时，发力要短促，且控制两拳不离胸部，方能产生反弹顿挫劲。

2. “顺鸾肘”与“玉女穿梭”衔接要紧密、连贯，一气呵成。

3. 肘的高度过肩，发劲时容易拉伤胸肌。因此，顶肘要低于肩且斜向下。

四十九、裹鞭炮

【练法】

1. 重心全部移至左腿并伸直，右腿屈膝提起，上体微右转；随之伸右臂，向下、向左内旋划弧，右拳内旋至右胯前，拳心向右；左臂外旋，至左胯侧。接着，左脚蹬地跳起向右后转身，而后右脚落地，左脚提起；随跳转身，右臂向上绕环一周，至身体右前斜下举；左臂向左、向上、向右划弧下劈，至左前斜上举。（图49-1）

图49-1

2. 左脚向左前落步，两腿屈蹲；两臂上下弧形绕至腹前交叉，右臂在外。接着，重心稍移左腿，成偏马步；两拳短促、迅速发力，以拳背为力点，向上、向左右分击，与肩同高。目视左前方。（图49-2、图49-3）

图49-2

图49-2附图

图49-3

【要点】

1. 跳起转身落地时，要轻要稳。换跳步不必过高。

2. 分臂发力时，要沉肩、垂肘；两拳松握制动，方能产生反弹劲。

五十、雀地龙

【练法】

重心移向右腿，身体右转；随之左拳向下、向右、向前划弧至腹前，拳心向上；右臂屈肘，右拳内旋至左前臂上方，右拳心斜向上，两臂向内合劲。接着，身体左转，重心移向左腿，并屈蹲成右仆步；随转体两臂屈肘在胸前相合。而后，右拳从左臂内侧经腹、沿大腿内侧向前穿出，拳心向上；左拳向上、向左划弧，举至肩左前上方，拳心向上。目视右拳。（图50-1、图50-2）

图50-1

图50-2

【要点】

1. 穿拳与仆步下式要同时完成。

2. 定势时，垂臂、沉胯，上体端正。

五十一、上步七星

【练法】

1. 右脚尖外摆，左腿蹬起；上体微右转，重心移向右腿，成右弓步；同时，右拳向右弧形上穿，拳同肩高，拳心向里；左拳外旋划弧，至左腰侧，拳心向上。目视右前方。（图51-1）

图51-1

2. 上体右转，重心移向右腿并屈膝；左脚向前上步，脚尖点地，左膝微屈；同时，右拳微外旋，稍向里收；左拳向前划弧至右腕外侧，两腕在胸前相搭架拳，两拳心向里。（图51-2）

图51-2

3. 两拳以腕相贴交叉点为轴一齐内旋，向里、向下、向前绕一小圈后变掌外撑，掌心向外，左手在里。（图51-3）

图51-3

4. 两掌变拳，在胸前仍以两腕相贴交叉点为轴外旋，向外、向下、向里翻转，左拳在里，右拳在外，拳心均向里。目视前方。（图51-4）

图51-4

【要点】

1. 两拳在胸前搭腕，与左脚上步成虚步，要协调一致。

2. 两掌向外撑时，脊背要有向后的撑劲。

五十二、退步跨虎

【练法】

1. 左脚后撤一步，两拳变掌，而后身体左转，两腿下蹲；同时，两手向左、右分于两膝前上方，手心斜向下。目视右前方。（图52–1）

图52–1

2. 重心移向左腿，右脚收至左脚内侧，脚尖点地，两腿微屈，成右虚步；同时，左掌继续向左、向上、向右划弧外旋，屈肘立掌举于左胸前，左腕与肩同高，掌心向右；右掌继续向右、向上、向左划弧外旋，至左肘侧下方，掌心向左，指尖向上。（图52-2）

图52-2

图52-2附图

【要点】

1. 左脚后撤，两手下开；右腿收转，两手旋合。

2. 进退有据，开合有致。

五十三、转身摆莲

【练法】

1. 重心移向左腿，上体微右转，左手外旋。随后，右脚尖外展，全脚踏实。接着，左脚跟外摆；左掌向下、向左上划弧内旋于面前；右掌向下、向右内旋划弧于右腰侧。目视右下方。（图53–1）

图53–1

2. 重心全部移至左脚并微屈，身体左转，随之右腿屈膝提起；同时，左手向上、向左划弧于肩左前上方，手心向外；右手向左外旋，至右膝上方，指尖向前，掌心向左。（图53-2）

图53-2

3. 身体继续左转，左胯下沉，右脚向右前方落地；两手向左后捋；左脚收回，成左虚步。（图53-3）

图53-3

4. 重心全部移至右腿，成独立式。随即，左腿由屈到伸，向右、向上、向左弧形摆起；摆至胸高时，右手、左手依次向右击拍左脚面。（图53–4）

图53–4

【要点】

1. 整个动作要连贯完成。

2. 摆腿之前，要屈膝合胯。

3. 拍脚要迅速、准确。

五十四、当头炮

【练法】

1. 左脚向左后方落地，上体微左转；同时，两手向右前推出，掌同胸高，两掌心向外，指尖向左前。目视右前方。（图54–1）

图54–1

2. 重心移至左腿，身体微左转；同时，两手向下、向左划弧握拳，一齐收于腹前，两拳相对，拳心向上。目视右前方。（图54–2）

图54-2

3. 重心移向右腿，两腿屈蹲，上体微右转；右拳屈肘横于胸前，与左拳一起向右前拦击，与胸同高，拳心向里；左拳在右前臂内下方，左臂微屈，拳眼向上。目视右前方。（图54-3）

图54-3

【要点】

1. 此为发劲动作。

2. 发劲时，左脚蹬地，屈膝沉胯，迅速转腰，力达拳臂，发力拦击。

五十五、左金刚捣碓

【练法】

1. 身体重心稍移右腿；两拳变掌，右手外旋，左手内旋，两掌心向外、向右前伸展，位同肩高，指尖向右。而后，重心移向左腿，上体左转，两掌向前、向左划平弧，捋至右手同胸高、左手同肩高。目视左前方。（图55-1）

图55-1

2. 身体重心移至右腿。身向右转，左脚向前上一步，脚尖点地，成左虚步；同时，左手划弧外旋，前撩至左腹前，掌心斜向上，指尖斜向下；右手向前、向右划弧，再向下、向前、向上划弧，外旋回收，掌心向下，合于左前臂上。（图55–2、图55–3）

图55–2

图55–3

3. 与第二式“右金刚捣碓”第8分动相同，唯方向相反，取左右对称。（图55-4、图55-5）

图55-4

图55-5

【要点】

请参第二式。

五十六、收势

【练法】

1. 重心移至两腿之间，屈蹲；右掌向上托起左拳。而后，左拳变掌，两掌上举前穿，掌心向内，两腕相贴，右掌在外，成十字手。（图56-1）

图56-1

2. 两掌同时内旋，向前平伸，慢慢拉开，与肩同宽，掌心向下。（图56–2）

图56–2

3. 而后，两掌慢慢下落至身体两侧。（图56–3）

图56–3

4. 左脚收向右脚，并拢直立。（图56-4）

图56-4

【要点】

1. 收势要稳，由动入静。

2. 全身放松，调整呼吸。